赛车与跑车图典

韩 雪 编绘

化学工业出版社
·北京·

图书在版编目（CIP）数据

赛车与跑车图典 / 韩雪编绘. —北京：化学工业出版社，2018.8（2025.1重印）
ISBN 978-7-122-32211-1

Ⅰ.①赛… Ⅱ.①韩… Ⅲ.①赛车-世界-图集 ②跑车-世界-图集 Ⅳ.①U469-49

中国版本图书馆CIP数据核字（2018）第103510号

责任编辑：史 懿　　　　　　　　　　　　　装帧设计：刘丽华
责任校对：宋 夏

出版发行：化学工业出版社（北京市东城区青年湖南街13号　邮政编码100011）
印　　装：天津裕同印刷有限公司
889mm×1194mm　1/20　印张6　2025年1月北京第1版第8次印刷

购书咨询：010-64518888　　　　　　售后服务：010-64518899
网　　址：http://www.cip.com.cn
凡购买本书，如有缺损质量问题，本社销售中心负责调换。

定　　价：29.80元　　　　　　　　　　　　　　　　　　版权所有　违者必究

目录 Contents

什么是赛车……………………… 6

世界著名赛道…………………… 8

为什么进行赛车比赛…………… 10

职业赛车手……………………… 11

阿尔法·罗密欧赛车…………… 12

阿斯顿·马丁赛车……………… 14

奥迪赛车………………………… 16

宝马赛车………………………… 18

保时捷赛车……………………… 20

奔驰赛车………………………… 22

本田赛车………………………… 24

布加迪赛车……………………… 26

法拉利赛车……………………… 28

丰田赛车………………………… 30

福特赛车………………………… 32

雷诺赛车………………………… 34

路特斯赛车……………………… 36

迈凯伦赛车……………………… 38

三菱赛车………………………… 40

雪佛兰赛车……………………… 42

什么是跑车……………………… 44

阿斯顿·马丁跑车……………46	法拉利跑车……………70
奥迪跑车……………48	华晨跑车……………72
宝马跑车……………50	捷豹跑车……………74
保时捷跑车……………52	柯尼赛格跑车……………76
北汽绅宝跑车……………54	KTM 跑车……………78
奔驰跑车……………56	兰博基尼跑车……………80
比亚迪跑车……………58	劳斯莱斯跑车……………82
标致跑车……………60	雷克萨斯跑车……………84
宾利跑车……………62	路特斯跑车……………86
布加迪跑车……………64	马自达跑车……………88
大众跑车……………66	玛莎拉蒂跑车……………90
道奇跑车……………68	迈凯伦跑车……………92
	迷你跑车……………94
	摩根跑车……………96
	讴歌跑车……………98

帕加尼跑车…………………… 100	泰卡特跑车…………………… 110
日产跑车……………………… 102	威兹曼跑车…………………… 112
萨林跑车……………………… 104	沃尔沃跑车…………………… 114
三菱跑车……………………… 106	西尔贝跑车…………………… 116
世爵跑车……………………… 108	雪佛兰跑车…………………… 118

什么是赛车

相比普通轿车，赛车对汽车性能的要求更高。你听说过汽车拉力赛吗？这种比赛往往在艰苦的条件下进行，比如在沙漠、冰冻的道路，甚至在坑坑洼洼的泥路等。这就要求参赛车辆的性能比一般汽车更好。所以，参加这种赛事要用专门的赛车。

赛车运动分类

赛车运动分为两大类，即场地赛车和非场地赛车。场地赛车是指赛车在规定的封闭场地中进行比赛，它又可分为漂移赛、方程式赛、轿车赛、运动汽车赛、GT耐力赛、短道拉力赛、场地越野赛、直线竞速赛等。非场地赛车的比赛场地基本上不是封闭的，非场地赛车主要分为拉力赛、越野赛及登山赛、沙滩赛、泥地赛等。

方程式赛

方程式赛是汽车场地比赛的一种。赛车必须依照国际汽车联合会制定颁发的车辆技术规则规定的程式制造，包括车体结构、长度和宽度、最低重量、发动机工作容积、汽缸数量、油箱容量、电子设备、轮胎的距离和大小等。

赛车与跑车图典

爱国者一级方程式赛车

NEC 一级方程式赛车

英菲尼迪一级方程式赛车

福特方程式赛车

法拉利一级方程式赛车

雷诺一级方程式赛车

世界著名赛道

有没有一个地方是赛车迷心中的圣地呢？当然有。德国纽博格林赛道、意大利蒙扎赛道、美国印第500赛道、摩纳哥蒙特卡洛赛道、法国勒芒赛道，就是赛车迷们朝圣的地方。这里的每一条赛道，都留下了说不尽的英雄故事和传奇。

纽博格林赛道

纽博格林赛道修建在德国科隆市的郊区，这个赛道所在地非常漂亮，拥有庞大的沙地，赛道长度达5.148千米。对车手来说，是个不可多得的、既快速又安全的赛场。现在，这个知名的赛车场每年都会吸引全球各地的车迷前去参观。

蒙扎赛道

距离世界名城米兰约30千米的意大利蒙扎赛道，是法拉利车队的主场，所以意大利车迷每到大奖赛的时候，就会用他们的热情，把这里变成一片红色的海洋。

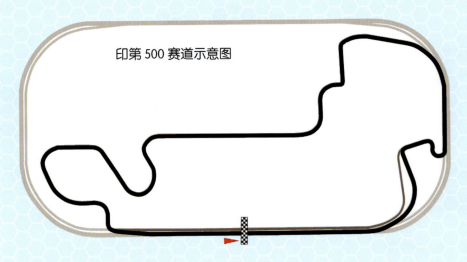

印第500赛道示意图

赛车与跑车图典

德国纽博格林赛道示意图

摩纳哥蒙特卡洛赛道示意图

法国勒芒赛道示意图

为什么进行赛车比赛

赛车的结果是检验汽车性能最好的标尺。汽车工业上的最新技术，往往最先用在赛车上，再改进至普通汽车上。所以，许多汽车厂商都潜心制造赛车，通过用新的材料，使用新技术，以此来体现自己的品质，这种品质尤其体现在方程式赛车上。

方程式赛车

因为复杂程序和精确程度，就像数学方程式一样，赛车又被称为方程式赛车。其实，最早是没有这样的规定的，赛车只按发动机等级和座位数量分类。1948年，一级方程式名字出现，两年后第一届一级方程式汽车赛在英国举办，并诞生了第一个赛车世界冠军。一级方程式汽车赛是方程式赛车中的最高级别。

世界知名F1车队

世界上有20多支实力雄厚的F1（一级方程式赛车）车队，比较有名的是法拉利车队、梅赛德斯-奔驰车队、万宝路车队、红牛车队、威廉姆斯车队、雷诺车队等。F1大赛，并不只是赛车手勇气、驾驶技术和智慧的比拼，在这背后是各大汽车公司科技的竞争，因此广受关注。

职业赛车手

要想成为赛车手,必须要考取"超级驾驶员驾驶执照"。赛车驾照共分六个等级,分别为E级、D级、C级、B级、A级和super级,super级为国际顶级赛事F1车手专用。只有拥有C级以上驾照的车手才可以参加国际比赛。

F1赛车手

其实,所有参加F1大赛的车手,都是经过千挑万选的世界车坛精英。每一位车手在跻身F1大赛前,都必须经过多个级次的选拔,例如小型车赛、三级方程式(F3)车赛等,堪称过五关、斩六将,而要成为世界冠军,更非易事。他必须身经百战,集赛车技术、天赋及斗志于一身。

"车神"舒马赫

在世界车坛,迈克尔·舒马赫被誉为"车神"。他是德国一级方程式赛车车手,是最著名的F1车手之一。在他前16年的职业生涯中,几乎刷新了每一项纪录,总共赢得7次总冠军。

阿尔法·罗密欧赛车

1910年，当阿尔法公司创立的时候，创始人将米兰市十字徽和维斯康蒂家族的龙蛇图案结合在一起，一个汽车界的异类诞生了。

品牌简介

品牌名称：阿尔法·罗密欧。
总部：意大利。
创始人：尼古拉·罗密欧。
成立时间：1910年。
赛车车型：16C、Bimotore、156、750、Tipo 33、Tipo 158、Formula 1 1981等。

赛车与赛车手

第一次世界大战后的欧洲，汽车销售与赛车运动紧密相连。意大利人对汽车的高速痴迷到了极点，阿尔法·罗密欧当时开始招募那些才华横溢的赛车手，其中就有"赛车皇帝"恩佐·法拉利和"车神"努沃拉里。

赛车与跑车图典

阿尔法·罗密欧 156

阿尔法·罗密欧 158

阿尔法·罗密欧 16C

阿尔法·罗密欧 Tipo 33

阿尔法·罗密欧 Formula 1 1981

阿斯顿·马丁赛车

阿斯顿·马丁,以生产敞篷旅行车、赛车和限量生产的跑车而闻名世界。它是一个神秘品牌,一直处在金字塔最高端。非凡的设计、优秀的工程技术和杰出的手工艺,是阿斯顿·马丁"力量、美感和灵魂"的核心。

品牌简介

品牌名称:阿斯顿·马丁。
总部:英国。
创始人:莱昂内尔·马丁、罗伯特·班福德。
成立时间:1913年。
赛车车型:DB3S、DBR9、GT4、V8 Vantage GTE、Vulcan、N24等。

品牌由来

莱昂内尔·马丁参加在英国阿斯顿·克林顿(Aston Clinton)举行的登山赛车后,将比赛和自己的名字结合起来,创立了汽车史上的惊世品牌——阿斯顿·马丁,后来生产出蜚声国际的赛车。

赛车与跑车图典

阿斯顿·马丁 DBR9

阿斯顿·马丁 GT4

阿斯顿·马丁 N24

阿斯顿·马丁 V8 Vantage GTE

2012 阿斯顿·马丁 V8 Vantage GTE

阿斯顿·马丁 Vulcan

奥迪赛车

早在1906年,由奥迪公司前身霍希公司生产的赛车,在当时世界上路况最艰难、距离最长的汽车拉力赛中赢得了冠军,这仿佛注定了奥迪会与世界赛车事业结下不解之缘。

品牌简介

品牌名称:奥迪。
总部:德国。
创始人:奥古斯特·霍希。
成立时间:1909年。
赛车车型:A型、C型、R8、R18、R10等。

奥迪R10

2005年,奥迪R10在巴黎正式亮相。作为TDI柴油直喷发动机技术的发明者,奥迪凭借这款柴油发动机继续领跑著名的勒芒24小时耐力赛。

赛车与跑车图典

C 型

R8

LMP1

1936 C 型

宝马赛车

宝马汽车的加速性能和高速性能在世界汽车界名列前茅,各国的警车首选宝马汽车。又因为宝马汽车以赛车的风格来设计,所以在世界赛车活动中经常大出风头。

品牌简介

品牌名称:宝马。

总部:德国。

创始人:吉斯坦·奥托。

成立时间:1916年。

赛车车型:M3 GT、Z4 GT3、M3 GT4、320SI WTCC、Formula BMW FB02、M3 DTM等。

宝马Formula FB02

宝马Formula FB02赛车不仅为赛车手提供最高的安全保障,而且为他们提供了公平的竞赛平台,因为参加Formula BMW精英杯的所有车手均使用同一款赛车,从而可以让赛车手尽情地发挥赛车技能。

赛车与跑车图典

宝马 FB02

宝马 M3 GT4

2010 宝马 Z4 GT3

宝马 M3 GT

宝马 M3 DTM

保时捷赛车

保时捷的赛车传统可以追溯到1948年7月11日，品牌创始人费迪南德·保时捷的侄子驾驶保时捷356在因斯布鲁克Stadtrennen大赛上赢得了它的第一个同级冠军。从那时起，保时捷品牌就一直活跃在世界赛车运动当中。

品牌简介

品牌名称：保时捷。

总部：德国。

创始人：费迪南德·保时捷。

成立时间：1931年。

赛车车型：356SL、356C、917K、550 Spyder、911 GT1等。

保时捷 911 GT1

保时捷911 GT1是一款高性能、高舒适性的赛车。它发布于1995年，第二年开始出战勒芒24小时耐力赛，成绩卓著，在赛车界名声大震。

赛车与跑车图典

保时捷 911 GTS

保时捷 550A Spyder

保时捷 917K

保时捷 356SL

保时捷 911 GT1

保时捷 550A Spyder

奔驰赛车

在梅赛德斯-奔驰的百年历史中，他们的赛车屡次在赛车场上大放异彩，不但取得了灿烂的成就，而且他们能够将从赛场上得来的经验，迅速地投入到新的赛车研发中，令产品变得更加精彩。

品牌简介

品牌名称：梅赛德斯-奔驰。

总部：德国。

创始人：卡尔·本茨、戈特利布·戴姆勒。

成立时间：1883年。

赛车车型：300SL、CLK DTM AMG、MP4-24、AMG-GT3等。

AMG-GT3的意义

AMG-GT3在2015日内瓦车展上首发，它的设计灵感借鉴了其前辈奔驰SLS AMG GT3的设计理念。SLS AMG GT3是奔驰顶级超跑SLS AMG的赛车版，从诞生起，就一直飞驰于世界各地的耐力赛场，比如德国纽博格林24小时耐力赛、勒芒赛事等。AMG-GT3将扛起SLS AMG GT3的重任，延续它的"灵魂"。

赛车与跑车图典

奔驰 AMG-GT3

1960 奔驰 300SL

奔驰 CLK DTM AMG

1954 奔驰 300SL

奔驰 MP4-24

本田赛车

1968年,本田汽车第一次参加F1赛事,之后,本田逐渐淡出了这一顶级车赛。一直暗暗下工夫,致力于改进技术。随着自身技术的突飞猛进,本田又悄然开始了它的赛车战略。

品牌简介

品牌名称:本田。

总部:日本。

创始人:本田宗一郎。

成立时间:1948年。

赛车车型:CIVIC、NSX、HSV-010 GT、CR-Z、Ariel ATOM 3、KTM X-Bow等。

重回赛车业

在本田发展史上,第二任掌门人河岛喜好被奉为教父。本田曾在赛车界销声匿迹过一段时间,1978年,河岛喜好正式宣布:"赛车是本田企业文化的一部分,不论输赢,我们都将对本田的用户以令人激动的方式展示我们最佳的技术,这就是我们重归赛车业的原因。"

赛车与跑车图典

本田 CIVIC

本田 HSV GT

2006 本田 CIVIC

2010 本田 HSV-010 GT

本田 NSX

布加迪赛车

布加迪汽车就像是艺术品一般,其引擎全是由手工制造和调校的,所有可以轻量化的零件都不放过,布加迪注重车辆的细节与平衡。在布加迪的造车哲学中,重量是最大的敌人。

品牌简介

品牌名称:布加迪。

总部:法国。

创始人:埃托里·布加迪。

成立时间:1909年。

赛车车型:Type 35、Vision GT、Type 51、Type 57G Tank、Type 57C Atalante、Type 57 Stelvio等。

品牌故事

布加迪是世界著名的老牌运动车品牌,1909年由意大利人埃托里·布加迪在德国创建,专门生产运动跑车和高级豪华轿车。布加迪商标中的英文字母即布加迪,周围一圈小圆点象征滚珠轴承,底色为红色。

赛车与跑车图典

1931 布加迪 Type 51

2016 布加迪 Vision GT

1927 布加迪 Type 35

1937 布加迪 Type 57G Tank

布加迪 Type 57C Atalante

布加迪 GT

法拉利赛车

法拉利是赛车中的王牌。它是一家意大利汽车生产商，1929年由恩佐·法拉利创办，主要生产一级方程式赛车、高性能跑车等。早期的法拉利生产赛车并赞助赛车手，1947年独立生产汽车。

品牌简介

品牌名称：法拉利。

总部：意大利。

创始人：恩佐·法拉利。

成立时间：1929年。

赛车车型：125 F1、801、F430、Enzo、Testarossa、250 GTO、California等。

赛车之父

恩佐·法拉利被誉为"赛车之父"，嗜车如命。13岁时，他开始了自己单独驾车的历史。赛车场上发动机的轰鸣声，比赛的惊险和刺激，使他越战越勇，被队友们誉为赛车队的"骑士"。他由参加赛车到组建赛车俱乐部，最后终于创建了自己的汽车公司。

赛车与跑车图典

法拉利 125 F1

法拉利 F430

法拉利 Enzo

法拉利 Testarossa

2016 法拉利 California

法拉利 801

丰田赛车

作为汽车界的巨头，丰田在1973年至1999年期间曾经代表着拉力竞赛的最高水平，曾获得过43场比赛的胜利，当时的明星车型就是丰田旗下的塞利卡GT-Four和改装版的花冠汽车。

品牌简介

品牌名称：丰田。

总部：日本。

创始人：丰田喜一郎。

成立时间：1937年。

赛车车型：Corolla Levin、Supra、Supra GT500、Celica、JGTC等。

经典战将

丰田在甜蜜与苦涩中走过了数十年的赛车运动发展史，20世纪90年代初是丰田赛车历史中最为辉煌的时刻，卡罗拉和赛利卡曾在世界汽车拉力锦标赛中为丰田三夺世界冠军。

赛车与跑车图典

丰田 Celica

丰田 Supra GT500

丰田 Supra J

丰田蜘蛛侠版 Celica

丰田 Corolla Levin

福特赛车

福特赛车的历史可以追溯到1901年10月10日，年仅38岁的亨利·福特正在努力建立一个汽车制造公司。汽车制造商们都在利用赛车证明自己产品的价值、思想及专业技能。赛车是达到筹集资金、提高知名度和建立自己的声誉这一目标最好的方法。

品牌简介

品牌名称：福特。
总部：美国。
创始人：亨利·福特。
成立时间：1903年。
赛车车型：GT40、GT500、RS200、RS200 Evolution、RS200 IMSA等。

实现理想

1901年秋季，福特在朋友的帮助下建造了名为"赌彩"的赛车，并参加了由底特律驾驶俱乐部赞助和发起的一场比赛。在这场比赛中，福特以平均45英里/小时的车速跑完全程，并获得冠军，成功地吸引到几位投资人，1903年福特实现了自己的愿望——建立了一家汽车公司。

赛车与跑车图典

1986 福特 RS200 Evolution

1966 福特 GT40

1966 福特 GT40

福特 RS200 Evolution

2012 福特眼镜蛇 GT500

福特眼镜蛇 GT500

雷诺赛车

1977年,第一辆百分百雷诺制造的F1赛车出现在英国银石赛道上,从此雷诺开始踏上了主宰F1技术变革的道路。

品牌简介

品牌名称:雷诺。

总部:法国。

创始人:路易斯·雷诺。

成立时间:1898年。

赛车车型:RS01、R26、RS16、R29、Duster等。

战绩辉煌

雷诺作为厂商车队身份及发动机供应商身份,将12座车队冠军、11座车手冠军奖杯收入囊中,而且主宰了F1发展史上最重要的三次技术变革,无愧于"引领变革""行业标杆""傲视同侪"的美誉。

赛车与跑车图典

雷诺 Le Mans

雷诺 Duster

2016 雷诺 RS16

2006 雷诺 R26

雷诺 R30

雷诺 R29

路特斯赛车

路特斯的标志是由英文字母CABC重叠组合构成的,它是公司创始人柯林·查普曼名字的缩写。查普曼是汽车史上的杰出人物,他曾组建过一支骁勇的车队,在F1赛场屡建奇功。

品牌简介

品牌名称:路特斯。
总部:英国。
创始人:柯林·查普曼。
成立时间:1952年。
赛车车型:Lotus F1、Lotus Mark 8、Type 18、Type 49、Type 81、Type 124等。

冠军赛车

Type 72型F1单座赛车设计独特,后轮很大,前轮又很小,这种奇特的设计把全部重量移向了车尾,提高了赛车的动力性能,有"冠军赛车"之称。

赛车与跑车图典

2015 路特斯 F1

路特斯 Type 49

路特斯 Mark 8

路特斯 Type 81

路特斯 Type 124

迈凯伦赛车

著名赛车手布鲁斯·迈凯伦在其退役之后,组建了以高端汽车的开发、生产、营销为目标的豪门汽车公司,这家公司对赛车世界的巨大影响,远远超过了他作为车手取得的所有成绩的总和。

品牌简介

品牌名称:迈凯伦。
总部:英国。
创始人:布鲁斯·迈凯伦。
成立时间:1966年。
赛车车型:F1、SLR、MP4等。

MP4

被誉为迈凯伦豪门顶级之作的MP4,里里外外均贯彻着迈凯伦的优质造车理念,在继承迈凯伦传统赛车技术的基础上,配备崭新尖端科技,将其惊人的性能发挥到极致,对赛车行业影响深远。

赛车与跑车图典

迈凯伦 650S GT3

迈凯伦 650S GT3

迈凯伦 650S GT3

迈凯伦 honda MP4

三菱赛车

在汽车运动界，三菱是最执着于拉力赛事的汽车品牌。虽然三菱曾经参加过一些地区性的场地赛事，但是拉力赛赛场一直是他的核心战场。

品牌简介

品牌名称：三菱。

总部：日本。

创始人：岩崎弥太郎。

成立时间：1873年。

赛车车型：帕杰罗 Evolution MDR12、帕杰罗 MRX09 Lancer、帕杰罗 Mitsubishi、帕杰罗 Ralliart 等。

经典形象

从1967年到现在，三菱已走过了50多年拉力赛的历程，其间取得了无数的光辉荣耀，赛车形象深深地印在车迷心中。

赛车与跑车图典

帕杰罗 Mitsubishi

帕杰罗 Lancer

帕杰罗 Evolution MPR12

帕杰罗 Evolution MPR12

帕杰罗 Mitsubishi

雪佛兰赛车

雪佛兰是一个为赛车而诞生的汽车品牌。人们对雪佛兰赛车的认识程度，可能没有对一些德国和日本品牌那样深刻。但是雪佛兰至今已经跨越了百年的历史，他们的赛车同样拥有百年的光辉岁月。

品牌简介

品牌名称：雪佛兰。

总部：美国。

创始人：威廉·杜兰特、路易斯·雪佛兰。

成立时间：1911年。

赛车车型：Camaro、Impala、Lacetti WTCC、Xfinity等。

纳斯卡车赛霸主

纳斯卡车赛的英文名称简写为NASCAR，它是美国最有影响力的赛事。1952年，雪佛兰开始参加纳斯卡车赛，1972年之后，雪佛兰开始成为纳斯卡车赛的霸主，曾24次摘下制造商锦标赛桂冠。

赛车与跑车图典

雪佛兰 Camaro GT3

雪佛兰 Lacetti World

雪佛兰 Camaro GT3

雪佛兰 Xfinity

雪佛兰 Cruze

2007 雪佛兰 Impala

什么是跑车

跑车和赛车都是强调速度的车型，但它们也有区别。赛车，就是所谓的速度机器，它的性能必须十分强悍，且用于专业赛道；而跑车，是指民用车里面性能表现最出众的汽车。跑车的性能表现比较接近赛车，因此也经常出现在赛场上接受检验。

四轮驱动

大多数汽车都是两轮驱动的，或前轮驱动或后轮驱动，另外两轮被拉着或推着前进。跑车都是四轮驱动，汽车的四个轮子都可获得力量，汽车也能更好地附着地面。

跑车的结构

跑车是一种底盘低、线条流畅、动力突出的汽车类型，其最大特点是不断追求速度极限。跑车按车身结构可分为轿跑、敞篷跑车、双门跑车等。

赛车与跑车图典

奥迪

宝马

保时捷 911 GT

保时捷 911

大众

阿斯顿·马丁跑车

阿斯顿·马丁潇洒的身影，总是和007詹姆斯·邦德的传奇形象同时出现，这让它更增添了几分迷人的色彩。它的跑车车型有：DB5、DB6、DB7、DBS、Vantage、V12 Vantage、Vanquish等。

跑车中的劳斯莱斯

在跑车界，阿斯顿·马丁一直是造型别致、精工细作、性能卓越的运动跑车的代名词，被称为跑车中的劳斯莱斯。除拥有精湛的造车技术之外，阿斯顿·马丁的品牌观念、市场运营、销售战略等都是极其明确清晰的。

结缘皇家

任何一款汽车，都以为皇家服务为荣。暂且不说凯迪拉克、林肯，阿斯顿·马丁也不例外，它一直是皇室大婚御用座驾。英国皇室威廉王子婚礼的五款座驾之一，就有阿斯顿·马丁。

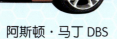

赛车与跑车图典

阿斯顿·马丁 DBS

阿斯顿·马丁 Vantage

2014 阿斯顿·马丁 Vanquish

2015 阿斯顿·马丁 V12 Vantage

阿斯顿·马丁 V12 Vantage S

奥迪跑车

在街上,奥迪汽车随处可见,奥迪的标志也格外引人注目。奥迪是世界最成功的汽车品牌之一,公司总部设在德国的英戈尔施塔特,并在中国等许多国家和地区有分公司,是价位比较合适的中高档车。它的跑车车型有:S5、A5、TT、TTS、R8、A7、RS5、S7等。

行业佼佼者

作为高技术水平、质量标准、创新能力以及经典车型的代表,奥迪在跑车界也有举足轻重的地位。奥迪注重学习和创新的品牌文化,使其在汽车领域保持着旺盛的生命力。

奥迪TT敞篷跑车

1999年夏天,与奥迪TT硬顶跑车同步开发的TT硬顶敞篷跑车在欧洲亮相,这也是当时世界上除兰博基尼"鬼怪"四轮驱动跑车外,唯一的双座敞篷跑车。奥迪TT硬顶敞篷跑车的顶部与车身颜色相同,从而保持了敞篷跑车充满激情的外形。

赛车与跑车图典

奥迪 S7

2014 奥迪 S5

2015 奥迪 CRS

2016 奥迪 R8

奥迪 A7

奥迪 RS5

宝马跑车

宝马跑车的历史非常悠久。1936年宝马推出的BMW328是当时同级最快的跑车，彻底改变了当时运动型汽车的格局。它的跑车车型有：M2、M4、Z1、Z4、i8、2系、6系等。

宝马Z时代

1989年，宝马Z1的诞生标志着宝马双座跑车的历史进入Z时代。它完美的流线型车身和尖端技术的应用，令其成为引领未来的先行者。1996年，宝马Z3掀起了新一轮跑车热潮。其动感设计和经典感受的非凡结合引发人们狂热关注，并成为"詹姆斯·邦德"的新座驾。

宝马i8量产车

在2013年的法兰克福车展上，宝马i8量产车正式发布。作为面向未来的产品，宝马i8量产版一亮相就立刻震惊了全世界。因为宝马i8原本是一款概念车，谁都不会想到，一款概念车会在现实中被量产，而且和概念车的差别很小。

赛车与跑车图典

2016 宝马 M2

宝马 i8

2015 宝马 M2

宝马 2 系

宝马 6 系

2015 宝马 M4

保时捷跑车

在世界车坛，保时捷以生产高级跑车而闻名。它是德国著名的汽车公司，成立于1931年，对于跑车而言，"保时捷"无异于一个全球意义上的代名词。它的跑车车型有：718、Cayman、Boxster、panamera、911、918等。

车标故事

保时捷车标图形采用了斯图加特市市徽的盾形。保时捷车标的左上方和右下方是鹿角的图案，表明斯图加特曾是狩猎的场所。右上方和左下方的黄色条纹是成熟麦穗的颜色，意味着肥沃的土地可以带给人们幸福，红色则象征着人们的智慧。

兴趣所至

对于保时捷来说，打造世界上顶级的跑车不是一项工作，而是一种充满乐趣的挑战。它也的确创造出了种种传奇，如经典车型保时捷911。

赛车与跑车图典

保时捷 718

保时捷 718

保时捷 Boxster

保时捷 Boxster

北汽绅宝跑车

北京汽车标志以"北"字作为设计的出发点,"北"既象征了中国北京,又代表了北汽集团。同时,"北"字好似一个欢呼雀跃的人形,表明了"以人为本"的理念。"北"字又犹如两扇打开的大门,它是北京之门,北汽之门,开放之门,未来之门。

品牌简介

品牌名称:北汽绅宝。
总部:中国。
创始人:无。
成立时间:2010年。
跑车车型:CC。

品牌由来

"绅宝"一词最早出现在香港汽车杂志里,是瑞典豪华车品牌Saab(萨博)的香港译名,北京汽车收购萨博后,沿用"绅宝"这一名称作为中高端品牌。

绅宝CC

赛车与跑车图典

北汽绅宝 CC

北汽绅宝 CC

北汽绅宝 CC

北汽绅宝 CC

北汽绅宝 CC

奔驰跑车

梅赛德斯－奔驰以高质量、高性能的汽车产品闻名于世，奔驰汽车一直是汽车工业的楷模。其品牌标志已成为世界上最著名的汽车品牌标志之一，也是中国进口量最大的汽车品牌之一。

名称来源

该品牌在国际上被称为梅赛德斯，在中国内地叫"奔驰"，因此有了梅赛德斯-奔驰这个称呼。

奔驰AMG

毫不夸张地说，梅赛德斯-奔驰车每一款都是一个精彩的故事，而全新的AMG更体现梅赛德斯-奔驰车的文化精髓。它那兼收美学和有着流畅完美的线条的外形，强劲的操作性能，无可挑剔的内外配置，都使得这一款车型极具诱惑力。

赛车与跑车图典

奔驰 SLK

奔驰 CL500

奔驰 SLK

奔驰 AMG

比亚迪跑车

比亚迪的标志由两个同心的内外椭圆构成,象征比亚迪与合作伙伴一路共同驰骋。椭圆形中镶嵌的"BYD"是品牌名的首字母。

品牌简介

品牌名称:比亚迪。

总部地点:中国。

创始人:王传福。

成立时间:1995年。

跑车车型:S8。

比亚迪S8

比亚迪S8是比亚迪公司历经4年时间打造的一款入门级跑车,也是中国首款硬顶敞篷跑车,吸收了大量国际流行元素,外形时尚,运动感强。

赛车与跑车图典

比亚迪 S8

比亚迪 S8

比亚迪 S8

比亚迪 S8

比亚迪 S8

标致跑车

标致的车标是一尊小狮子。尽管100多年来，标致品牌的图标几经变迁，但是这尊小狮子，一直被保留下来。

品牌简介

品牌名称：标致。

总部：法国。

创始人：阿尔芒·标致。

成立时间：1896年。

跑车车型：406 Coupe、308 CC、307CC、RCZ、SR1、206CC、207CC等。

标致RCZ

标致RCZ是标致汽车首款以字母取代数字为名称的车型。RCZ由Racing Championship的简写与Z性能车款结合而成，车型的命名展现出强烈的性能色彩，强调了车辆本身浓厚的跑车风格。

赛车与跑车图典

标致 206CC

标致 SR1

标致 307CC

2011 标致 308CC

标致 RCZ

标致 308CC

宾利跑车

宾利汽车以手工精制闻名世界。对传统工艺理念的执着,使宾利公司自1931年以来,造车手艺代代相传,经千锤百炼,汽车品质一直卓越出众。它曾被英国汽车杂志赋予"现代感魔幻宠车"的称号。

品牌简介

品牌名称:宾利。
总部:英国。
创始人:沃尔特·欧文·宾利。
成立时间:1919年。
跑车车型:欧陆、飞驰。

创始人故事

宾利汽车的创始人宾利是个著名的赛车手。1905年,少年宾利在英国北方铁路公司旗下的工厂做学徒,三年多的学徒生活,又脏又苦。1909年,宾利学徒期满,不仅掌握了扎实的机械工程技能,而且成为一名跑车爱好者,立志要自己生产跑车。

赛车与跑车图典

2016 宾利飞驰

2013 宾利欧陆

2013 宾利欧陆

2016 宾利飞驰

2016 宾利飞驰

2016 宾利欧陆

布加迪跑车

布加迪从创立至今已经有百余年的历史。布加迪豪华跑车这个名字，在欧洲几乎是家喻户晓。它的跑车车型有：EB112、EB118、威航、Galibier、Chiron 等。

布加迪 EB118

布加迪 EB118 豪华双座跑车的名字含义不同凡响：EB 是取自布加迪汽车的创始人埃托里·布加迪名字的第一个字母，第一个"1"意为世界第一辆，"18"就是指发动机有 18 个气缸。EB118 是世界上第一辆拥有 18 个气缸的超级跑车。

布加迪威航

布加迪威航，即布加迪威龙世界顶级超跑车的典范，其品牌源自意大利，由法国车厂负责生产，隶属于德国大众公司。威航是 Veyron 的正式中文名，不过众多车迷更愿意称之为"威龙"。

赛车与跑车图典

布加迪 EB118

布加迪 威航

布加迪 威航

布加迪 EB112

布加迪 Galibier

大众跑车

　　Volks Wagenwerk 是大众汽车的德文全称，其含义就是大众使用的汽车。大众车标中竖排的"V"和"W"正是全称的缩写。标志像是由三个"V"组成，很像"victory"（胜利）的手势语，表示大众公司及其产品必胜。

品牌简介

品牌名称：大众。
总部：德国。
创始人：费迪南德·保时捷。
成立时间：1937年。
跑车车型：尚酷、Eos、XL Sport、W12等。

大众 Eos

　　大众 Eos 跑车被称为"黎明女神"，这款车最引人注意的，是采用了五片式设计的车顶，开关顶篷仅需 25 秒。Eos 是全球首款同时兼具电动硬顶与天窗的敞篷车。车主在不同天候条件下，可以任意选择敞篷车、硬顶轿车或仅开启天窗的模式。

赛车与跑车图典

大众尚酷 R

2015 大众尚酷 R

大众尚酷

2014 大众 Eos

大众 W12

大众 XL Sport

道奇跑车

道奇素以亲民的价格和大众化设计而颇受欢迎。起初,道奇的工厂为福特汽车生产零件,由于福特的成功,公司创始人道奇兄弟因此获益,于是他们开始成立公司,筹划发展自己的汽车品牌。

品牌简介

品牌名称:道奇。

总部:美国。

创始人:约翰·道奇和霍瑞德·道奇。

成立时间:1914年。

跑车车型:挑战者、蝰蛇、Charger。

道奇蝰蛇

在为蝰蛇跑车命名时,克莱斯勒总裁鲍勃·鲁茨伤透了脑筋,他回忆说:"这个名字是在一次飞机上的讨论中敲定的,首先克莱斯勒不能选用眼镜蛇的名字,因为已经有人用过了。但新的名字还应该与蛇有关,最后,我想到了'蝰蛇',敏捷、迅速、凶狠,而且发音也很上口。"

赛车与跑车图典

2010 道奇 蝰蛇

2016 道奇 蝰蛇

2012 道奇 挑战者

2008 道奇 挑战者

2014 道奇 蝰蛇

2014 道奇 Charger

法拉利跑车

作为世界上唯一一家始终将F1技术应用到新车上的公司，法拉利制造了现今最好的、高性能的公路跑车，因而倍感自豪。它的跑车车型有：California、488、458、599、FF、F12 Berlinetta、612、LaFerrari等。

最拉风的超跑

说起法拉利，相信大家应该都不陌生。法拉利是世界上最著名的跑车品牌之一，其生产的运动型跑车，无论是性能、外观还是驾驶体验等都代表着国际最高水准，因而受到各国跑车爱好者的喜爱和追捧。

法拉利LaFerrari

法拉利LaFerrari是限量版车型，它于2013年在日内瓦国际车展上首次亮相。它是法拉利推出的一款旗舰级超级跑车，拥有超凡极致的性能表现、空气动力效率以及操控性，为超级跑车树立了新的标杆。

赛车与跑车图典

法拉利 599

法拉利 California

法拉利 LaFerrari

法拉利 FF

法拉利 488

法拉利 458

华晨跑车

华晨公司旗下拥有"中华"轿车、"金杯"车、"金杯海狮"轻型客车、"金杯阁瑞斯"多功能商务车。它的车标由一个小篆体的"中"字演变而成,其形状又刚好像一个金杯。

品牌简介

品牌名称:华晨。
总部:中国。
创始人:无。
成立时间:1992年。
跑车车型:中华酷宝等。

中华酷宝

中华酷宝是借鉴世界领先的汽车技术,根据F1的设计理念研发出的第一款自主品牌中高级轿跑车。中华酷宝外形尊贵大方,动力上强调动能和精准操控的流畅互动。华晨M3是中华酷宝的研发代号,酷宝是M3进入市场后的正式名称。

赛车与跑车图典

中华 M3

中华酷宝

中华酷宝

中华酷宝

中华 M3

中华酷宝

捷豹跑车

捷豹是英国的一家豪华汽车生产商。自诞生之初,就深受英国皇室的推崇,从伊丽莎白女王到查尔斯王子等皇室贵族无不对捷豹青睐有加。它的跑车车型有:XK、F-Type、XKR、C-X75等。

车标故事

捷豹的车标是一只正在跳跃前扑的"美洲豹"形象,矫健勇猛,形神兼备,具有时代感与视觉冲击力,它既代表了公司的名称,又表现出向前奔驰的力量与速度,象征该车如美洲豹一样驰骋于世界。

捷豹C-X75

在2010年巴黎车展上,捷豹C-X75作为一款电动超跑概念车,在全球首度炫目亮相,第一次走进大众视野。捷豹C-X75具有流线型银色车身,整个外观设计得自然、流畅、简明和优雅,捷豹设计总监Ian Callum先生称它"可能是迄今为止最优雅迷人的捷豹汽车。"

赛车与跑车图典

2013 捷豹 XK

2014 捷豹 XK

2015 捷豹 F-Type

2013 捷豹 F-Type

2016 捷豹 F-Type

2011 捷豹 XKR

2016 捷豹 XKR

柯尼赛格跑车

这个作坊式的汽车工厂,成立时间并不长。不过,它所出品的每一辆车都能够让车迷为之疯狂,这就是来自瑞典的 Koenigsegg(柯尼赛格)。它的标志是瑞典皇空军的标志——幽灵图!所以它有"幽灵跑车"之称。

品牌简介

品牌名称:柯尼赛格。

总部:瑞典。

创始人:克里斯蒂安·柯尼赛格。

成立时间:1994 年。

跑车车型:CCX、CC、CCXR、Agera、CCR、One。

22 岁的梦想

时间回溯到 1994 年,一个年仅 22 岁的瑞典人有个梦想,是什么呢?他要打造时速可以超过 400 公里的量产汽车,并且说到做到。当年,他就建立了柯尼赛格公司。据说,这一切都源于他小时看过一部电影,想制造属于自己的超级跑车,这个年轻人就是克里斯蒂安·柯尼赛格。

赛车与跑车图典

柯尼赛格 One

柯尼赛格 CCXR

柯尼赛格 CCX

柯尼赛格 CC

柯尼赛格 CCXR

KTM 跑车

KTM 是奥地利一家生产摩托的厂商，但它的强项是越野摩托，性能卓越，在多次越野赛事上拿过大奖。在达喀尔拉力赛上常常会出现前五名选手都驾驶 KTM 的战车的壮观景象。KTM 是在 2006 年，与跑车结合在一起的。

品牌简介

品牌名称：KTM Sportmotorcycle AG。
总部：奥地利。
创始人：汉斯·特鲁肯波尔茜、马迪霍芬。
成立时间：1934 年。
跑车车型：X-BOW。

X-Bow

2006 年，KTM 联合萨尔茨堡的设计公司 Kiska Design、奥迪公司以及意大利赛车底盘制造商 Dallara 研发了一辆超轻量跑车，这辆跑车可在欧洲街道上合法行驶，取名为 X-BOW。KTM 原本每年只制造 500 台 X-BOW，由于供不应求，因此 KTM 将产量增至每年 1000 台。

赛车与跑车图典

KTM X-BOW

KTM X-BOW

KTM X-BOW

KTM X-BOW

KTM X-BOW

兰博基尼跑车

兰博基尼是全球顶级跑车制造商及欧洲奢侈品标志之一,公司坐落于意大利圣亚加塔·波隆尼,由费鲁吉欧·兰博基尼在1963年创立。早期由于经营不善,数次易主,1998年归入奥迪旗下,现为大众集团品牌之一。

品牌简介

品牌名称:兰博基尼。
总部:意大利。
创始人:费鲁吉欧·兰博基尼。
成立时间:1963年。
跑车车型:Gallardo、Aventador、Huracan、Diablo等。

车标故事

兰博基尼的标志是一头正向对方发起冲击的公牛,它的形象充满力量,贴切地体现出兰博基尼的产品特点:生产的汽车都是大功率、高速度的运动型跑车。据说,兰博基尼本人就像愤怒的公牛,有着不甘示弱的个性。

赛车与跑车图典

2015 兰博基尼 Aventador

2016 兰博基尼 Gallardo

2015 兰博基尼 Huracan

2013 兰博基尼 Gallardo

2015 兰博基尼 Gallardo

劳斯莱斯跑车

劳斯莱斯创始人是查理·劳斯和亨利·莱斯。两人的出身、爱好、性格完全不同，但对汽车事业的执着和向往，使他们成为一对出色的搭档。他们生产的跑车像英国皇室一样尊贵、典雅。

品牌简介

品牌名称：劳斯莱斯。
总部：英国。
创始人：查理·劳斯、亨利·莱斯。
成立时间：1906年。
跑车车型：险路、曜影、魅影。

劳斯莱斯魅影

"魅影"（Wraith）寓意神秘、稀有、灵敏且动力十足，体现了一种自由而又强劲的精神底蕴，非常切合劳斯莱斯的车标——飞翔的女神雕像，兼具新时代充满自信的绅士和淑女们所向往的优雅、俊美、精致和奢华。

赛车与跑车图典

1977 劳斯莱斯险路

2016 劳斯莱斯曜影

2016 劳斯莱斯曜影

2016 劳斯莱斯魅影

2016 劳斯莱斯曜影

雷克萨斯跑车

雷克萨斯自1999年起至今，一直稳居北美豪华汽车销量第一的宝座。如果你以为它是北美品牌，那就错了，它是日本丰田集团旗下的品牌。雷克萨斯创立于1983年，仅仅用了十几年的时间，在北美便超过了奔驰、宝马的销量。

品牌简介

品牌名称：雷克萨斯。
总部：日本。
创始人：丰田英二。
成立时间：1933年。
跑车车型：SC、RC、LF-A、LF-LC、LF-CC等。

雷克萨斯RC

雷克萨斯RC的外形非常别致，行驶在路上，它总能赢得众多目光，人们总会被它充满锐利折角的外表所吸引。它行驶起来非常平稳，即使突然加速，你也不会被吓得面容失色。

路特斯跑车

路特斯曾被译为"莲花汽车",是世界著名的跑车与赛车生产商,总部设在英国诺福克郡,旗下的跑车以纯粹的驾驶乐趣和轻量化设计而著称。它的跑车车型有:Elise、Exige、Evora、2 eleven等。

跻身前列

2011年6月才正式进入中国市场的路特斯品牌,旗下的跑车以纯粹的驾驶乐趣和轻量化的设计而著称。专注于汽车市场的路特斯,经历了几十年曲折艰难的发展历程后,如今在跑车界也占据了重要的地位。

路特斯Evora

路特斯Evora被誉为路特斯史上最强的跑车,也是路特斯近年来倾尽全力打造的一款全新跑车。这款车采用2+2的中置车型,具有灵活和轻量化等特点,在舒适、实用方面表现得更加出色,是一款更加贴近生活的大众化车型。

赛车与跑车图典

2008 路特斯 2 eleven

路特斯 Exige

路特斯 2 eleven

路特斯 Elise

路特斯 Elise

路特斯 Evora

马自达跑车

马自达创立于1920年,是一家日本的汽车制造商,总部设在日本广岛,主要销售市场包括亚洲、欧洲和北美洲。马自达是日本最著名的汽车品牌之一,日本第四大汽车制造商,是世界著名汽车品牌,也是世界上唯一研发和生产转子发动机的汽车公司。

品牌简介

品牌名称:马自达。

总部:日本。

创始人:松田重次郎。

成立时间:1920年。

跑车车型:MX-5、RX-Vision、RX-8、RX-9、Shinari等。

马自达MX-5

最早的MX-5在1989年美国芝加哥车展上面世,未做过任何改型就卖出45万辆,成为全球销量最大的单一车型敞篷跑车。它在设计上参考了经典英国小跑车的风格,简单、朴素,满足了很多追求复古的消费者的需要,操控性好,堪称一代经典。

赛车与跑车图典

马自达 RX-Vision

2016 马自达 MX-5

2013 马自达 MX-5

2016 马自达 MX-5

马自达 RX-8

马自达 RX-9

玛莎拉蒂跑车

　　1914年，玛莎拉蒂公司成立于意大利博洛尼亚，以生产运动车著称。而今的玛莎拉蒂为菲亚特公司所有，全新轿跑系列是意大利顶尖轿跑车制作技术的体现，也是意大利优质工匠设计思维的完美体现。

品牌简介

品牌名称：玛莎拉蒂。
总部：意大利。
创始人：玛莎拉蒂家族。
成立时间：1914年。
跑车车型：斯派德、GranCabrio、Quattroporte、GranTurismo、GT、Alfieri。

车标故事

　　玛莎拉蒂汽车的车标的外部轮廓是椭圆形的树叶，树叶上放置着一枚三叉戟。相传，三叉戟是罗马神话中海神纳普丘手中的武器，显示出海神巨大无比的威力，同时也是公司所在地博洛尼亚市的市徽。这个商标象征玛莎拉蒂汽车就像浩渺无垠的大海一样咆哮澎湃，寓意玛莎拉蒂汽车快速奔驰的潜力。

赛车与跑车图典

玛莎拉蒂 斯派德

玛莎拉蒂 Quattroporte

玛莎拉蒂 Alfieri

玛莎拉蒂 GT

玛莎拉蒂 GranTurismo

玛莎拉蒂 GranCabrio

迈凯伦跑车

迈凯伦的创始人是布鲁斯·迈凯伦，他是一名F1赛车手。1959年，22岁的迈凯伦成了大奖赛有史以来最年轻的冠军。之后，他组建了自己的公司，开始装配汽车。布鲁斯·迈凯伦更是将他年轻的32岁生命，献给了他热爱的赛车事业。

世界顶尖跑车

迈凯伦凭借一级方程式的技术与专长，跻身世界顶级超跑行列，与法拉利、兰博基尼并驾齐驱。迈凯伦的570LT百米加速仅需3.2秒，最大功率超过447KW。

迈凯伦MP4-12C

迈凯伦MP4-12C是一款超级跑车，车门采用的是优雅的蝴蝶门，极致简约，而又很好地衬托出它作为跑车该有的外观和独特气质。这款车大量继承了来自F1赛车的先进技术，对超级跑车产生了深远影响。

赛车与跑车图典

2016 迈凯伦 570S

2016 迈凯伦 675LT

2016 迈凯伦 540C

迈凯伦 P1

2016 迈凯伦 675LT

迈凯伦 650S

迷你跑车

迷你是宝马集团的一个独立品牌。迷你汽车的标志为长着一对小翅膀的英文大写字母"MINI"。

品牌简介

品牌名称：迷你。
总部：英国。
创始人：约翰·库珀。
成立时间：1959年。
跑车车型：Cooper、Coupe。

品牌由来

第一辆迷你出生在1959年的8月26日，是成立于1952年的英国汽车公司的作品。由于1959年苏伊士运河危机使英国的汽油供应紧张，公司决定生产一种比较经济省油的小型汽车。经过几个月的悉心研制，迷你终于问世了。

赛车与跑车图典

迷你 Coupe

迷你 Coupe

2014 迷你 Coupe

迷你 Coupe

2015 迷你 Coupe

迷你 Coupe

摩根跑车

在跑车领域，有个以古典韵味著称的品牌，它就是英国摩根。事实上，摩根的历史比法拉利、保时捷还要悠久。摩根始终保持品牌的古典特色和纯手工制作工艺，在跑车界独树一帜，也是真正的古典跑车之王。

品牌简介

品牌名称：摩根。

总部：英国。

创始人：查尔斯·摩根。

成立时间：1909年。

跑车车型：4-4、Plus 4、Plus 8、Roadster、Aero 8、Aero max等。

摩根Plus 8

在摩根汽车中，最具跑车特色的是摩根Plus 8。它拥有一台184马力的强大发动机，行驶起来如电闪雷鸣。据说，设计者当时只是想考核一下哪些部位需要改进，不料结果却引起轰动，一举成名。

赛车与跑车图典

2013 摩根 Roadster

摩根 Aero max

摩根 4-4

摩根 Aero 8

1964 摩根 Plus 4

讴歌跑车

讴歌的车标是一个机械卡钳和字母"Acura"组成的图案,Acura源于拉丁语意味着"精确"。不论是讴歌拉丁语原意还是作为标志的卡钳,都寓意着讴歌品牌的核心价值:精确、精密、精致。

品牌简介

品牌名称:讴歌。
总部:日本。
创始人:本田宗一郎。
成立时间:1986年。
跑车车型:NSX。

讴歌 NSX

讴歌NSX是日本国宝级的跑车之一,其设计理念及采用的技术是对未来几年内讴歌新车型发展的前瞻预览。虽然很多传统的超级跑车都选择了使用更大排量的发动机来提供动力,但讴歌NSX兼顾了赛车理念和对环境保护的关注,是一款高性能的环保型超级跑车。

赛车与跑车图典

2016 讴歌 NSX

2016 讴歌 NSX

讴歌 NSX

讴歌 NSX

讴歌 NSX

讴歌 NSX

帕加尼跑车

在世界跑车领域，帕加尼 Zonda 堪称特立独行的超级跑车。为什么这么说？因为它敢与法拉利、保时捷、兰博基尼等跑车界大腕一比高下，其完美的做工足以让那些跑车名门刮目相看。

品牌简介

品牌名称：帕加尼。
总部：意大利。
创始人：奥拉西欧·帕加尼。
成立时间：1982年。
跑车车型：Zonda、Huayra。

稀有产量

帕加尼诞生于素有"超跑之乡"美誉的意大利小镇摩德纳。它生产的超级跑车因极致的性能、大量采用纯手工打造的精湛工艺、稀有产量以及昂贵的售价，举世闻名。

赛车与跑车图典

帕加尼 Huayra

帕加尼 Zonda

帕加尼 Huayra

帕加尼 Huayra

帕加尼 Zonda

日产跑车

"日产"就是我们常见的"尼桑"。"尼桑"是罗马字"NISSAN"的音译,由于汉语"日产汽车"容易被理解为"日本生产的汽车",为了避免混淆,人们更愿意使用"NISSAN"的音译——"尼桑"。

品牌简介

品牌名称:日产。

总部:日本。

创始人:田建治郎。

成立时间:1914年。

跑车车型:ZS30、Z31、Z32、350Z、370Z、GT-R等。

日产 ZS30

S30是日产首款Z跑车,它于1969正式亮相。长引擎室,驾室内空间的优美形态,加上卓越的动力性能,使它在全世界得到了相当高的评价,从1969年到1978年,S30共销售了超过55万台。

赛车与跑车图典

日产 Z32

日产 370Z

日产 ZS30

日产 Z32

日产 GT-R

萨林跑车

萨林可谓美国超豪华车的象征，旗下经典跑车萨林S7曾荣登美国《福布斯》杂志评选的2005年度世界上最昂贵的十款汽车榜首。

品牌简介

品牌名称：萨林。

总部：美国。

创始人：史蒂夫·萨林。

成立时间：1983年。

跑车车型：S281、S7、S7TT、S5S。

萨林S7TT

史蒂夫·萨林只有一个愿望，便是从根本上改变美系跑车界的设计，S7让他收获了成功。后来，萨林生产出了更加惊人的萨林S7TT。

赛车与跑车图典

萨林 S5S

萨林 S281

萨林 S7

萨林 S281

萨林 S7

三菱跑车

日本三菱汽车以三枚红色的菱形钻石为标志，显示了三菱素雅而灿烂光华的如钻石一般的造车艺术。现在，这个标志是三菱组织中各公司全体职工的象征。

品牌简介

品牌名称：三菱。

总部：日本。

创始人：岩崎弥太郎。

成立时间：1873年。

跑车车型：伊柯丽斯、EVO。

三菱伊柯丽斯

第一代伊柯丽斯的诞生要追溯到1989年，该车型是当时三菱在GALANT的基础上研发的轿跑车产品。1994年，三菱汽车在北美推出了第二代伊柯丽斯。这代车因为在美国电影《速度与激情》里出现过，从而成为登上国际影坛的明星跑车。

赛车与跑车图典

2015 三菱 伊柯丽斯

2015 三菱 EVO

2016 三菱 EVO

2012 三菱 伊柯丽斯

2016 三菱 EVO

三菱 伊柯丽斯

世爵跑车

世爵车标是一个由水平的飞机螺旋桨穿越镌刻公司座右铭的辐轮所组成的图案，之所以有这样的标志，是因为世爵公司有一段制造飞机的历史。

品牌简介

品牌名称：世爵。

总部：荷兰。

创始人：雅克布斯·让·世派克、亨德里克·让·世派克。

成立时间：1898年。

跑车车型：C8、C12。

黄金典礼马车

雅克布斯和亨德里克兄弟二人是出色的马车制造商。1898年，为了向即将来临的荷兰女王威廉敏娜的加冕仪式献礼，这对兄弟制造了著名的黄金典礼马车，这辆马车沿用至今。

赛车与跑车图典

世爵 C8

世爵 C8

世爵 C8

世爵 C12

世爵 C8

泰卡特跑车

泰卡特是一个很有个性的汽车国际品牌。泰卡特（TechArt GmbH）的名字也非常明确地阐明了公司的宗旨：技术与艺术的完美结合。

品牌简介

品牌名称：泰卡特。
总部：德国。
创始人：托马斯和马蒂亚斯。
成立时间：1987年。
跑车车型：T1、T2、T3、T9。

品牌解读

泰卡特商标中英文副品牌名为Tech8，德文8（acht）和Art发音相同，所以德语中8是艺术的缩写，Tech8的中文读音还是"泰卡特"。商标中持金钥匙的徽兽是与泰卡特和保时捷所在的巴登-符腾堡州巴登的狮鹫和符腾堡的麋鹿。

赛车与跑车图典

泰卡特 T1

泰卡特 T9

泰卡特 T3

泰卡特 T2

泰卡特 T1

威兹曼跑车

　　威兹曼的每辆跑车都是手工打造的，车辆的所有部件都是按照客户的要求量身定做的。由于客户定购的车身电气装备五花八门，连车上的电线束都是手工缠绕的。在手工打造的基础上，威兹曼创造出了独具一格的高质运动车。

品牌简介

品牌名称：威兹曼。
总部：德国。
创始人：马丁·威兹曼和弗莱德海姆·威兹曼。
成立时间：1993年。
跑车车型：MF3、MF4、GT MF5。

品牌商标

威兹曼以蜥蜴作为自己的品牌标志，表明所生产的跑车和蜥蜴一样具有优越的抓地力，快速奔跑过程中突然改变方向时，和蜥蜴一样有灵活的身手。

赛车与跑车图典

威兹曼 MF4

威兹曼 MF3

威兹曼 MF3

威兹曼 GT MF5

威兹曼 MF3

威兹曼 GT MF5

沃尔沃跑车

Volvo一词，本来为拉丁文，原意是"滚滚向前"。凭借近百年的深厚积淀和经典传承，沃尔沃铸就了享誉世界的品牌，在世界范围内赢得了高度的信任，拥有强大的号召力。

品牌简介

品牌名称：沃尔沃。
总部：瑞典。
创始人：古斯塔夫·拉尔森、阿瑟·格布尔森。
成立时间：1927年。
跑车车型：C30、C70、S60。

沃尔沃C70

沃尔沃C70是一款三折式硬顶四座敞篷跑车，是经过精心设计、完美雕琢而出的杰作，展现出了驾驶者自然、轻松、随意的斯堪的纳维亚式的生活态度。

赛车与跑车图典

沃尔沃 C30

沃尔沃 S60

沃尔沃 C30

沃尔沃 C70

沃尔沃 C30

西尔贝跑车

西尔贝是Shelby Supercars的中文译文，简称SSC，其实后面还有个Supercars。公司于1999年由美国的汽车爱好者西尔贝成立，总部设在华盛顿，只打造高端的超级跑车系列。

品牌简介

品牌名称：西尔贝。

总部：美国。

创始人：西尔贝。

成立时间：1999年。

跑车车型：GT、Tuatara、Ultimate Aero等。

生产最快的跑车

西尔贝的创始人Shelby从小生长在华盛顿，并且一生都热衷于赛车文化，一直都有想创办自己的跑车公司的梦想。他像帕加尼一样，从建立公司起就想生产当今最快的跑车。

赛车与跑车图典

西尔贝 Tuatara

西尔贝 Tuatara

2009 西尔贝 Ultimate Aero

2013 西尔贝 Ultimate Aero XT

2006 西尔贝 Ultimate Aero TT

1966 西尔贝 427

雪佛兰跑车

1912年，第一辆雪佛兰轿车在美国底特律问世，开启了其商业帝国的征程。至今，雪佛兰的足迹遍及70个国家和地区，是美国汽车保有量最大的汽车品牌之一。它的跑车车型有：SS、科迈罗、Corvette等。

名字的由来

威廉·杜兰特有位好朋友，叫路易斯·雪佛兰，他是瑞士声名赫赫的赛车手兼工程师。1910年，威廉·杜兰特请他帮忙设计一款面向大众的汽车。路易斯·雪佛兰欣然答应，汽车设计出来后，通用汽车公司直接以设计师的姓——"雪佛兰"，给品牌命名。

雪佛兰 Corvette

雪佛兰品牌下的第一款跑车名叫雪佛兰Corvette，Corvette是英国17世纪时一款炮舰的名称，以此命名义在向当时风行的英国跑车挑战。这款车同时也是美国历史上第一款跑车，这款创造了历史的跑车诞生于1953年。

编绘人员名单

韩　雪　刘少宸　唐婷婷　佟　坤　韩　冰　崔向军　燕文婷
杨现军　郝万增　赵丽蕊　孙亚兰　杜文凤　杨　洋　高群英
原伟琴　杨　丹　戚家富　安　宇